gudetama × Das Kapital

ぐでたまの『資本論』

お金と上手につきあう人生哲学

朝日文庫

はじめに

ドイツ出身の思想家カール・マルクスが生きた
19世紀ヨーロッパは、
科学が大きく発展した時代でした。

工業化がすすみ、機械でたくさんの品物を、
短時間で作れるようになり、
特別な技術がない人でも、お給料を払い、
頭数として働かせるようになりました。
いわゆる労働者が誕生したのです。

生きるにはお金が必要だからと、
安い賃金で、長時間働きつづけ、
しかも、何かあれば簡単に辞めさせられてしまう。

そんな状況に危機を感じた、
マルクスが発表したのが『資本論』でした。

マルクスは、
働く人こそが一番、尊い。
お金を稼ぐことに
翻弄されすぎないようにと説いています。

自分の時間や健康を犠牲にして、
人生を不幸にしない、
お金、そして働くこととの上手なつきあい方を、
ぐでたまと一緒に身につけましょう！

KEYWORDS

12 この世の中にあるモノは
　　本当にすべてお金で買える？

14 欲しいものがありすぎる。
　　買っても買っても、キリがない。

15 高価なものを買っても、
　　使わなければただのゴミと同じ。

16 みなさんのおかげで、いつも楽させてもらってます。

17 ノークレーム・ノーリターン。
　　だから人気モノなんだ。

19 やっぱり、ゴールドは最強!?
　　いつの時代も価値が不変って、すごいこと。

20 他人から見れば無駄。
　　でも、自分にはとっておきの宝物。

21 つらい仕事、面倒な人間関係。
　　ぜんぶ捨てて、一人で生きられたら楽なのに。

22 ぐでたまだって、信用さえあれば、
　　「お金」になれる！

23 今月は、いくらある？
　　通帳を見るのが、密かな楽しみ。

24 お金を増やす原理はとっても簡単……なはず。

25 ただお金を持っているだけ。
   それは、お金がないのと同じ。

26 お金に好かれるって、どんな人？　どんなとき？

27 会社の究極の目的は、お金を稼ぎ出すこと。
   本当に、それだけ？

28 たかが一円、されど一円。
   一円を笑う者は、一円に泣く。

29 どんな仕事をするのかどこで
   働くのか選ぶのは自分。

30 経営者も働く人も対等な関係……なはず。

31 初めから完璧な人なんて、どこにもいないって。

32 お給料がでている時間は、あなたは会社の所有物。

34 機械はただのツール。
   使う人のセンスで働きが変わる。

35 休むことも、大事な仕事のうち。

36 煮詰まったときは潔く、リセット。

37 いつも、どこかで誰かが働いている。

38 自分のことを守れるのは、結局、自分しかいない。

39 身体と同じように、いやそれ以上に、
   心の疲れをとろう。

40 「これ以上は無理！」我慢せずに、言ってみよう。

41 手強い相手には
みんなの力を合わせて立ち向かおう。

42 安ければなんでもいいって、わけじゃない。

44 評価は結局、自分ではなく他人が下すもの。

45 時間をかければいいってわけじゃない。
時間は正しく使おう。

46 無理しない。
ほどほどだったら、良しとしよう。

47 個人プレーよりもチームプレーを。

48 一人でコツコツやるよりも
仲間やライバルがいたほうが高みを目指せる。

50 自分一人で抱え込まない。他人に頼るのも、
大事なスキル。

51 他人を信じる。そうすれば、仕事の幅が広がる。

52 「普通」の人でもたくさん集まれば、
それなりの存在感にはなる。

53 特別な能力はいらない。
調整役だって、立派な仕事。

54 めんどうなのは初めだけ。物事は、
動き出したら、少しのパワーで進み続けられる。

55 スムーズにいかない。
そんなときは、「道具」を見直してみよう。

56 仕事には、優劣はない。
あるのは、役割の違いだけ。

58 どんな人でも使えるシンプルな仕組み。
   それを考えよう。

59 「こうなったら便利かも」
   そんな素朴な気持ちが、発明の源。

60 人間には、自然をいろいろなものに
   変える魔法の力がある。

61 機械やロボットは、
   本当に人間を幸せにするのかな？

62 機械を上手に使って、
   ゆとりや時間を作りだそう。

63 自分のためにではなく、
   大切な人のためなら頑張れる。

64 お金がなくても生活ができる！　のは、
   良いことばかり、ではない。

65 働く人を守る法律を知る。
   それは自分を守ることになる。

66 人間は、締め切りがないと、
   サボってしまう。

67 代わりの利かない唯一の存在。
   それを目指そう。

68 失ってしまってから、後悔しても、遅い。

69 生活する環境が変われば、
   大切なものだって、変わる。

70 無い物ねだりは、虚しいだけ。
   今あるものでうまくやろう。

72 自分を高く売れる
「付加価値」を身につけよう。

73 仕事が充実すれば、休日の遊びがいも生まれる。

74 ムダな仕事はしない主義。
徹底的に見直してみよう。

75 ムカつく上司は、結果を出して、黙らせよう。

76 自分を大きく見せすぎると、
あとで痛い目に遭っちゃうよ。

77 やりすぎはよい結果を生まない。無理はしない。

78 たった一つのミスで
すべてがダメに見えてしまう。

79 一人勝ちをせず、みんなで少しずつ幸せになる。

80 過剰な競争心。
それって、他人に操られていない？

82 会社や組織に頼らないで働くことを
常に意識しておこう。

83 みんな笑顔になる、
「お金」がまわる仕事をしよう。

84 仕事とプライベートは、
はっきり区別すること。

85 やりがいだけじゃ、食べていけない。
騙されないで！

86 ムダなこと、
バカらしいことをどんどんやろう。

87　ガッツリ稼いでどーんと遊ぶ。
　　だから働いていられる。

88　背伸びはやめよう。
　　そんなつきあいは、長続きしない。

89　大抵のことはお金があったら、なんとかなる!?

90　その成功は、過去の誰かの
　　仕事のおかげかもしれない。

91　高価なものでも、長い目で見れば、
　　安い買い物になるときも。

92　やっぱり、長いものには、
　　巻かれたほうがラク!?

93　毎日働くのなら、
　　やっぱり居心地にこだわりたい。

94　お給料は多すぎても
　　少なすぎてもやる気がでない。

95　貧乏に慣れるのは難しい。
　　けれど、贅沢にはすぐ慣れる。

96　いまの場所が合わないなら
　　新しい居場所を探してみたら?

97　会社が潰れても大丈夫。
　　そういう自信を持っている人は、強い。

98　新しいことを始めるときは、
　　たくさんの人の力を借りよう。

100 「自由な働き方」って言うけど、
　　それって雇う側の思うつぼ!?

101　あなたにしかできないことは、高い値段がつく。

102　健康な体。
　　　それさえあれば、なんとか生きていける。

103　自由に生きるとは、
　　　自分の決断には、責任を持つということ。

104　「どうせ、変わらない」
　　　そう諦めるのは、まだ早い。

105　会社のためにではなく、
　　　自分自身のために働こう。

106　必要なものを、必要なときに、
　　　必要なだけ買う。

107　作り手から作りたてを
　　　すぐに受け取れるって、とても贅沢。

108　世界とつながって、可能性をどんどん広げよう。

109　すこし距離があったほうが、
　　　意外な魅力に気づけるかも。

110　どんなことにも「旬」がある。
　　　後悔する前に、行動しよう。

111　そのキズは、長い年月を一緒に過ごしてきた証し。

112　どんなに完璧だと思っていても、
　　　メンテナンスは必ず必要。

113　長くつきあうためにこそ、
　　　丁寧なメンテナンスは欠かせない。

114　本当に、贅沢って敵なのかな……？

115 「自分にプレゼント」という言い訳も、
たまにはあり。

116 気がつかないだけでつながっている。
世界の動きに敏感でいよう。

117 「もったいない」から新しい価値が生まれる。

119 安さや効率ばかり重視すると、
大切なことを見落としてしまう。

120 みんなが気分良くいるために、
手間を惜しまない。

121 物がなければないなりに工夫をしよう。

122 成功例よりも
過去の失敗から、学ぶことのほうが多い。

123 働けば働くほど苦しくなる仕組み。
なんとかしてほしい。

124 誰にでも、挑戦するチャンスがある。

125 お金があればあるほど
「信用」が得られるって本当？

126 他人からの借り物ではない
自分の「ものさし」で物事を測ろう。

この世の中にあるモノは
本当にすべて
お金で買える？

お金がないと何も手に入らないし、生活できない。そのお金を得るために、いろんな思いをして働いている。でも、そもそも「お金」って何なんだろう？　お金を払って買っている「商品」って一体何だろう？

資本主義的生産様式が支配的に行なわれている社会の富は、一つの「巨大な商品の集まり」として現われ、一つ一つの商品は、その富の基本形態として現われる。『1部1章　商品』（一）

欲しいものがありすぎる。
買っても買っても、キリがない。

かわいい洋服、流行の映画、英会話スクール。どれもお金を出せば手に入れられる。何かが欲しい、何かを体験したい。そんな自分の欲望を満たしてくれるものが「商品」なんだ。

商品は、まず第一に、外的対象であり、その諸属性によって人間のなんらかの種類の欲望を満足させる物である。『1部1章　商品』(一)

高価なものを買っても、使わなければただのゴミと同じ。

たとえば、ペンには「文字を書く」、パンには「空腹を満たす」など、使って初めて役に立つ「使用価値」がある。高価なものでも、上手に活用できないなら。お金をドブに捨てたのと同じこと。

<small>ある一つの物の有用性は、その物を使用価値にする。『1部1章　商品』(一)</small>

みなさんのおかげで、いつも楽させてもらってます。

「商品」は、最初からあるわけじゃない。アイデアを思いついた人、部品を作った人、部品を組み立てた人。いろんな人が働いてできあがる。だからこそ、お金を払う価値が生まれるんだ。

<small>ある使用価値または財貨が価値をもつのは、ただ抽象的人間労働がそれに対象化または物質化されているからでしかない。『1部1章 商品』（一）</small>

ノークレーム・ノーリターン。
だから人気モノなんだ。

いくら自分にとって便利なものでも、他の人が役に立つと満足しなければ、売り物にはならない。いま売れているヒット商品には、人を惹きつける付加価値がたくさんあるのかも。

商品を生産するためには、彼は使用価値を生産するだけではなく、他人のための使用価値、社会的使用価値を生産しなければならない。
『1部1章　商品』(一)

何個割っても
ぐでたまは、ぐでたま

やっぱり、ゴールドは最強!? いつの時代も価値が不変って、 すごいこと。

米や塩などが、「お金」の役割を果たして
いた時代もあるって、知ってるよね？　でも、保存がきかなかったり、量が多いと運
ぶのが不便だったりして、次第に金や銀が
貨幣として流通するようになったんだよ。

それが商品世界の価値表現においてこの地位の独占をかちとったとき、それは貨幣商品になる。『1部1章　商品』（一）

他人から見れば無駄。
でも、自分にはとっておきの宝物。

将来のことを考えれば浪費なんてせず、できるだけ貯金に回すのが賢明。でも本当に必要だと思えるものなら、高くても納得できるよね。それが、他人から無駄に見えるようなものでも。

貨幣は他人のポケットにある。それを引き出すためには、商品はなによりもまず貨幣所持者にとっての使用価値でなければならず、したがって、商品に支出された労働は社会的に有用な形態で支出されていなければならない。『1部3章　貨幣または商品流通』（一）

つらい仕事、面倒な人間関係。
ぜんぶ捨てて、
一人で生きられたら楽なのに。

自分ができることは限られているけれど、稼いだお金を使えば、他人が作った野菜を買うこともできる。社会はいろんな人の「分業」で成り立っていて、やっぱり一人では生きられないんだ。

分業は、労働生産物を商品に転化させ、そうすることによって、労働生産物の貨幣への転化を必然にする。『1部3章　貨幣または商品流通』(一)

ぐでたまだって、信用さえあれば、「お金」になれる！

千円札、五千円札、一万円札って、本当はただの紙切れ。みんなが「お金」として信用しているから大事にされている。だから、信用がなくなると、本当に紙クズになってしまう危ういものでもあるんだ。

<small>すべての他の商品量と同じにやはり価値量である金量を紙幣が代表するかぎりにおいてのみ、紙幣は価値章標なのである。『1部3章 貨幣または商品流通』(一)</small>

今月は、いくらある？
通帳を見るのが、密かな楽しみ。

そもそもお金は、「商品を買う」ためのツールに過ぎない。でも、お金そのものを貯めること自体に、快感を感じる人もいる。それは、いわゆる「黄金欲」が目覚めているという状態なんだ。

商品を交換価値として、または交換価値を商品として固持する可能性とともに、黄金欲が目ざめてくる。『1部3章　貨幣または商品流通』（一）

お金を増やす原理は
とっても簡単……なはず。

たとえば、100円で仕入れた花を150円で売れば50円の利益がでる。もっと儲けたいならリボンを付けてプレゼント用にすれば250円で売れるかも。「安く買って、高く売る」「付加価値を付けて高く売る」ことが儲けの仕組み。

最初に前貸しされた価値は、流通のなかでただ自分を保存するだけではなく、そのなかで自分の価値量を変え、剰余価値をつけ加えるのであり、言い換えれば自分を価値増殖するのである。『1部4章 貨幣の資本への転化』(一)

ただお金を持っているだけ。
それは、お金がないのと同じ。

ただ持っているだけじゃ「お金」は、お金の役割を果たさない。持っているだけじゃ、お金は増えない。だから、勉強代として使って、より給料の良い仕事に就こうとしたり、株に投資したりして、みんなお金を動かそうとするんだ。

流通から引きあげられれば、それは蓄蔵貨幣に化石して世界の最後の日までしまっておいてもびた一文もふえはしない。『1部4章　貨幣の資本への転化』(一)

お金に好かれるって、
どんな人？　どんなとき？

すごくお金を持っている会社経営者や投資家など「資本家」と呼ばれる人は、大金を持っているだけじゃない。手元にある大金に満足せず、それを元手にガムシャラにもっと増やそうとする人たちなんだ。

貨幣所持者は資本家になる。（略）──価値の増殖──が彼の主観的目的なのであって、ただ抽象的な富をますます多く取得することが彼の操作の唯一の起動的動機であるかぎりでのみ、彼は資本家として、または人格化され意志と意識とを与えられた資本として、機能するのである。『1部4章　貨幣の資本への転化』(一)

燃えつきた

会社の究極の目的は、
お金を稼ぎ出すこと。
本当に、それだけ？

みんなの生活を便利にするために作られた商品。でも、売れ始めて大きなお金が動くと、品質よりも「どれだけ儲けるか」が一番の目的になってしまうことがある。

<small>使用価値はけっして資本家の直接的目的として取り扱われるべきものではない。個々の利得もまたそうではなく、ただ利得することの無休の運動だけがそうなのである。『1部4章　貨幣の資本への転化』（一）</small>

笑ったり泣いたりいそがし〜

たかが一円、されど一円。
一円を笑う者は、一円に泣く。

ある商品を売って、利益を出す。わずかな儲けが生まれる。それを何回も繰り返すと、利益の大きい商品を扱えるようになる。労を惜しまず、買って売ってを繰り返すことで、お金はどんどん膨らんでいく。

価値は貨幣形態と商品形態とを取ったり捨てたりしながらしかもこの変換のなかで自分を維持し自分を拡大するのである（略）。『1部4章　貨幣の資本への転化』（一）

なにやっても
ぐでたまだし

どんな仕事をするのか
どこで働くのか選ぶのは自分。

「働く」とは、自分の能力や時間を「商品」として売ること。だから、どんな仕事をするかは、誰かに決められたり、強制されたりすることじゃない。誰にでも「職業選択の自由」があるんだ。

所持者が、それを自分の労働力としてもっている人が、それを商品として売りに出すかまたは売るかぎりでのことであり、またそうするからである。労働力の所持者が労働力を商品として売るためには、彼は、労働力を自由に処分することができなければならず、したがって彼の労働能力、彼の一身の自由な所有者でなければならない。『1部4章　貨幣の資本への転化』(一)

経営者も働く人も対等な関係 ……なはず。

企業と労働者を比べると、雇用する側にあたる企業のほうが上のように、どうしても感じてしまう。でも、法律上は平等な関係。こちらは労働力を売る側で、向こうは買う側というだけ。萎縮せずに堂々と働こう。

<small>労働力の所持者と貨幣所持者とは、市場で出会って互いに対等な商品所持者として関係を結ぶのであり、彼らの違いは、ただ、一方は買い手で他方は売り手だということだけであって、両方とも法律上では平等な人である。『1部4章　貨幣の資本への転化』(一)</small>

いつまでも みじゅくです

初めから完璧な人なんて、どこにもいないって。

どんな仕事でも一人前になるまでには、教えてもらったり、失敗を繰り返したりする時間が必要。周りも、最初から完璧にできるなんて期待していない。焦らず、自分のペースでできることを増やしていこう。

<small>一般的な人間の天性を変化させて、一定の労働部門で技能と熟練とを体得して発達した独自な労働力になるようにするためには、一定の養成または教育が必要であり、これにはまた大なり小なりの額の商品等価物が費やされる。『1部4章　貨幣の資本への転化』(一)</small>

お給料がでている時間は、
あなたは会社の所有物。

始業から終業までの間は、お金と引き換えに自分を売っているのだから、仕事が始まったら、余計なことは考えず仕事に集中しよう。そして仕事が終わったら、自分の時間のスタート。オンオフをしっかり切り替えよう。

彼が資本家の作業場にはいった瞬間から、彼の労働力の使用価値、つまりその使用、労働は、資本家のものになったのである。『1部5章　労働過程と価値増殖過程』（一）

きゅうくつなのは
カンベンだわ

カラも使いよう

機械はただのツール。
使う人の
センスで働きが変わる。

プロ仕様のカメラを使えば、誰でも素敵な写真が撮れるわけじゃない。機械をうまく使いこなせる人がいなければ、感動は生まれない。

<small>諸商品の死んでいる対象性に生きている労働力を合体することによって、価値を、すなわちすでに対象化されて死んでいる過去の労働を、資本に、すなわち自分自身を増殖する価値に転化させるのであり、胸に恋でも抱いているかのように「働き」はじめる活気づけられた怪物に転化させるのである。『1部5章 労働過程と価値増殖過程』(一)</small>

休むことも、
大事な仕事のうち。

疲れていたら、やる気なんて出ない。気分よく明日を迎えるためにも、ゆっくりお風呂に入って、夜更かしをせずに、早めにベッドに入る。休むって、実はとっても大切なこと。

<small>一日のある部分では、体力は休み、眠らなければならない。また別の一部分では、人間はそのほかの肉体的な諸欲望を満足させなければならない。すなわち、食うとか身を清めるとか衣服を着るなどの欲望である。『1部8章 労働日』(二)</small>

煮詰まったときは潔く、
リセット。

締め切りが目前だからって、睡眠時間を削って頑張っても逆効果。集中力が下がって、効率が悪くなるだけ。潔く寝て、一度リセットしよう。すっきりした頭で考えたほうが、良い結果になるよ。

自分たちも普通の人間であって巨人ではない。ある一定の点で自分たちの労働力はきかなくなる。自分たちは麻痺に襲われる。自分たちの頭は考えることをやめ、目は見ることをやめる。『1部8章 労働日』(二)

いつも、どこかで
誰かが働いている。

24時間営業のコンビニやファミレス、翌日には届く宅配便など、この便利な生活は、見知らぬ誰かが支えてくれている。あなたが、眠りにつくときも、眠い目をこすって仕事をしている人が必ずいる。

一日まる二四時間の労働をわがものにするということこそ、資本主義的生産の内在的衝動なのである。(略) 肉体的な障害を克服するためには、昼間食いつくされる労働力と夜間食いつくされる労働力との交替が必要になるのである。『1部8章　労働日』(二)

自分のことを守れるのは、結局、自分しかいない。

残業代を出さなかったり、ひどい条件で働かせたり、働く人を使い捨てにする悪い会社は確かにある。疲れ果てて思考停止になる前に、そこから抜け出す方法を探そう。

資本はすでに死んだ労働であって、この労働は吸血鬼のようにただ生きている労働の吸収によってのみ活気づき、そしてそれを吸収すればするほどますます活気づくのである。『1部8章 労働日』(二)

閉めてもらっていいですか？

身体と同じように、いや
それ以上に、心の疲れをとろう。

休日、昼過ぎまで寝たはずなのに、疲れがとれない。それは心の疲れがとれていないから。友だちとのおしゃべりやショッピング、コンサートやスポーツ観戦。好きなことをして、心の疲れを吹き飛ばそう。

労働者は、精神的および社会的な諸欲望を満足させるための時間を必要とし、これらの欲望の大きさや数は一般的な文化水準によって規定されている。『1部8章 労働日』(二)

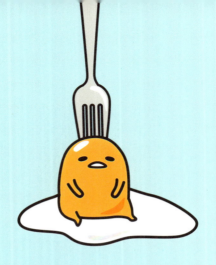

「これ以上は無理！」
我慢せずに、言ってみよう。

頼まれると断れない性格につけ込まれて、上司や先輩から無茶な仕事をふられる。理不尽すぎるなら、はっきりと「NO！」と言おう。あいまいな態度だと、ますますエスカレートしてしまうよ。

<small>資本は労働力の寿命を問題にしない。資本が関心をもつのは、ただただ、一労働日に流動化されうる労働力の最大限だけである。『1部 8章 労働日』（二）</small>

手強い相手には
みんなの力を合わせて
立ち向かおう。

一人の声は無視されるかもしれない。でも、たくさんの人の声は無視しづらい。仲間を集めて、大きな変化を起こそう。

<small>じっさい彼の吸血鬼は「まだ搾取される一片の肉、一筋の腱、一滴の血でもあるあいだは」手放さないということである。彼らを悩ました蛇にたいする「防衛」のために、労働者たちは団結しなければならない。『1部8章 労働日』(二)</small>

安ければなんでもいいって、
わけじゃない。

流行のものが安く買えると嬉しい。でも、
その安さは材料費や働く人の賃金が安く抑
えられているからかも。お得に便利に生活
できる半面、大変な思いをしている人がい
るかもしれないことを忘れずに。

生産力が上がり、それに応じて諸商品が安くなれば、このこともまた
労働力の価値を低くするのである。『1 部 10 章　相対的剰余価値の
概念』(二)

評価は結局、
自分ではなく他人が下すもの。

上質な素材を使って丁寧に作ったのに、なぜか誰も見向きもしてくれない。そんなときは、一歩引いて、客観的な視点で見てみよう。情熱も大事だけど、ニーズに合っているか、冷静な分析も必要だよね。

商品の現実の価値は、その個別的価値ではなく、その社会的価値である。『1部10章 相対的剰余価値の概念』(二)

時間をかければ
いいってわけじゃない。
時間は正しく使おう。

やることが山積みでも、やみくもに始めてはいけない。きちんと優先順位と必要な時間の予測を立てて、効率よく進めよう。

労働の生産力の発展による労働の節約は、資本主義的生産ではけっして労働日の短縮を目的としてはいないのである。それは、ただ、ある一定の商品量の生産に必要な労働時間の短縮を目的としているだけである。『1部10章　相対的剰余価値の概念』(二)

無理しない。
ほどほどだったら、良しとしよう。

他人と比べてばかりいると、自分のダメな部分に目が行って劣等感を感じてしまう。でも、誰にでも得意、不得意がある。全体をみて平均的だったら、それでOK！

平均量というものは、つねにただ同種類の多数の違った個別量の平均として存在するだけである。『1部11章 協業』(二)

個人プレーよりも
チームプレーを。

目標に向かって動くとき、優秀な一人が頑張るだけでは、目標を達成するのは難しい。知恵を出し合い、人数をかけて速やかに進める。一人ではなく、みんなで。個人の利益よりもチームの利益を優先しよう。

協業による個別的生産力の増大だけが問題なのではなく、それ自体として集団力でなければならないような生産力の創造が問題なのである。『1部11章 協業』(二)

一人でコツコツやるよりも仲間やライバルがいたほうが高みを目指せる。

大きな目標を目指すときは、一人で地道にやるよりも、切磋琢磨できる仲間を持とう。励まし合ったり愚痴を言い合ったり。時にはライバルとして、互いに高め合える。

たいていの生産的労働では、単なる社会的接触が競争心や活力(animal spirits)の独特な刺激を生みだして、それらが各人の個別的作業能力を高めるので、(略)一人の労働者が供給する総生産物よりも、ずっと大きいのである。『1部11章 協業』(二)

自分一人で抱え込まない。
他人に頼るのも、大事なスキル。

物事にはベストなタイミングがある。自分の力だけで完結することにこだわっていると、時を逸してしまう。助けが必要なときは、周りの人の手を借りること。そして自分が頼られたら、喜んで手助けしよう。

労働期間の短さが、決定的な瞬間に生産場面に投ぜられる労働量の大きさによって埋め合わされる。『1部11章 協業』(二)

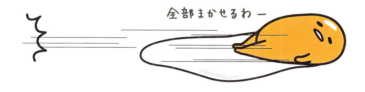

他人を信じる。
そうすれば、仕事の幅が広がる。

自分一人でできること、目の届く範囲には限界がある。もし、もっと大きなことを成し遂げたいのなら、他人に任せてみよう。初めは思った通りに進まなくても、試行錯誤を繰り返していくうちに、信頼関係が生まれてくるはず。

<small>ある種の労働過程には、すでに労働対象の空間的関連によっても協業が必要になる。『1部11章　協業』（二）</small>

質より量

「普通」の人でもたくさん集まれば、それなりの存在感にはなる。

一人一人の能力がそんなに高くなくても、人数が集まれば存在感も出てくるし、力を合わせれば大きな力を生み出すことができる。だから、団結することが大切なんだ。

<small>他人との計画的な協働のなかでは、労働者は彼の個体的な限界を脱け出て彼の種属能力を発揮するのである。『1部11章 協業』(二)</small>

特別な能力はいらない。
調整役だって、立派な仕事。

優秀な人が集まっても、それぞれが主張して別の方向を向いていたら、せっかくの能力を生かしきれない。みんなの間に入って、目標に向かって全体をコントロールする調整役は必要なんだ。

<small>単独のバイオリン演奏者は自分自身を指揮するが、一つのオーケストラは指揮者を必要とする。『1部11章　協業』(二)</small>

めんどうなのは初めだけ。
物事は、動き出したら、
少しのパワーで進み続けられる。

何かをゼロから始めるには、パワーが必要になる。先送りにせずに思い切って、第一歩を踏み出してみよう。歯車が回りだすと、少しの力で回り続けるよ。

静止から運動に移るたびに必要になる余分な力の消耗が、ひとたび到達した標準速度の持続が長くなることによって補われるのである。
『1部12章　分業とマニュファクチュア』（二）

スムーズにいかない。
そんなときは、
「道具」を見直してみよう。

商品の仕上がりは、どのような道具を使うかで変わってくる。普段の生活や仕事も同じ。思うようにスムーズに進まないなと、違和感を感じたら、使っている道具や手順の見直しをするといいかも。

労働の生産性は、労働者の技倆にかかっているだけではなく、彼の道具の完全さにもかかっている。『1部12章　分業とマニュファクチュア』（二）

仕事には、優劣はない。
あるのは、役割の違いだけ。

世の中には、いろいろな仕事がある。どの仕事にも優劣はなく、あるのは役割の違いだけ。お互いがお互いの仕事を支え合っているのだから、利害がぶつかることがあっても、うまくつきあおう。

全体労働者のいろいろな機能には、簡単なものや複雑なもの（略）があるので、彼のいろいろな器官である個別労働力は、それぞれ非常に程度の違う教育を必要とし、したがってそれぞれ違った価値をもっている。『1部12章　分業とマニュファクチュア』(二)

ぐでぐでする
役割なんだわ…

どんな人でも使える
シンプルな仕組み。
それを考えよう。

仕事の効率をアップする仕組みを作っても、それが自分だけが使えるものでは意味がない。他の人にとっても使いやすいほうが、使う人が増えて、結果的に効果がアップする。

どの生産過程にも、だれでも生地のままでできるようなある種の簡単な作業が必要である。『1部12章 分業とマニュファクチュア』(二)

「こうなったら便利かも」
そんな素朴な気持ちが、
発明の源。

「もっと簡単に、たくさん作る方法はないかな？」という発想から、便利な機械が発明されてきた。目の前のマンネリ化している作業だって、改善の余地はあるかもよ。

道具機というのは、(略) 以前に労働者が類似の道具で行なっていたのと同じ作業を自分の道具で行なう一つの機構なのである。『1部13章　機械と大工業』(二)

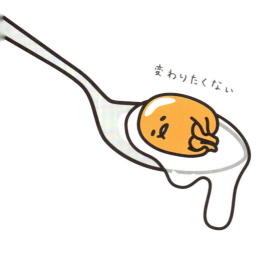

人間には、
自然をいろいろなものに
変える魔法の力がある。

例えば大木は人の手を加えて木材にすれば、家具を作り、家を建てることができる。人間の知恵と技には、自然のものをさまざまな便利なものに変える力があるんだ。

人間が呼吸するためには肺が必要であるように、自然力を生産的に消費するためには「人間の手の形成物」が必要である。『1部13章 機械と大工業』(二)

機械やロボットは、本当に人間を幸せにするのかな？

機械やロボットが進歩して、工場や介護の現場など、色々な職種で活躍している。働く人の負担を軽くする一方で、人間はいらなくなる不安も。どんな未来がやってくるのかな……。

人間はもはや単純な動力として働くだけとなり、したがって人間の道具に代わって道具機が現われているということが前提されれば、いまや自然力は動力としても人間にとって代わることができる。『1部 13章 機械と大工業』（二）

機械を上手に使って、ゆとりや時間を作りだそう。

めんどうな家事も、最新の電化製品でラクに済ませることができる。余裕ができたら、コーヒーで一息つけるし、趣味や好きなことに時間をかけられる。機械をうまく使って生活にゆとりを持とう。

<small>機械が筋力をなくてもよいものにするかぎりでは、機械は、筋力のない労働者、または身体の発達は未熟だが手足の柔軟性が比較的大きい労働者を充用するための手段になる。『1部13章 機械と大工業』(二)</small>

自分のためにではなく、
大切な人のためなら頑張れる。

つまらない仕事や嫌いな上司、ストレスがいっぱいの生活。自分のためだけだったら投げ出したくなるけれど、家族や大切な人との生活を守るためなら頑張れる。

労働力の価値は、個々の成年労働者の生活維持に必要な労働時間によって規定されていただけではなく、労働者家族の生活維持に必要な労働時間によって規定もされていた。『1部13章　機械と大工業』(二)

お金がなくても生活ができる！
のは、良いことばかり、ではない。

工場で大量生産された安くてかわいい服、価格競争で驚くほど安いお弁当。お金がなくても、暮らしていける。でも裏を返せば、生活費が安くすむから給料は上がらないままということでもあるんだ。

機械が相対的剰余価値を生産するというのは、ただ、機械が労働力を直接に減価させ、また労働力の再生産に加わる諸商品を安くして労働力を間接に安くするから(略)。『1部13章　機械と大工業』(二)

働く人を守る法律を知る。
それは自分を守ることになる。

労働時間の制限や最低賃金など、働く人を守る法律がある。あきらかにルールに違反した働き方をさせられていると思ったら、迷わず相談に行こう。そのためにも、ルールを知ろう。

<small>機械が資本の手のなかで生みだす労働日の無限度な延長は、(略) 生活の根源を脅かされた社会の反作用を招き、またそれとともに、法律によって制限された標準労働日を招くのである。『1部13章 機械と大工業』(二)</small>

ちょっと、休けい

人間は、締め切りがないと、サボってしまう。

テストや書類の提出期限まで時間の余裕があると、ついダラダラしてしまう。でも、期限が明日に迫っていると、さすがに焦って短時間でなんとかしようとするよね。締め切りって、強い緊張感をもって、集中力を高めるためには必要なのかも。

短縮された労働日の範囲内で達成できるかぎりの程度まで、労働者に強要することになれば、事態は変わってくる。『1部13章　機械と大工業』(二)

代わりの利かない唯一の存在。
それを目指そう。

人当たりが良い、交渉力がある、根気強いなど、人それぞれの良さがある。他の人にはない、その人らしさを極めれば、誰にも負けない強みになる。

単なる手伝いの仕事は、工場では一部は機械によって代替できるものであり、あるいはまた、その非常な簡単さのために、この労苦をしょわされた人員が短時間ごとに絶えず交替することを可能にするのである。『1部13章　機械と大工業』（二）

失ってしまってから、
後悔しても、遅い。

昔は手で一つずつ作られていたものが、機械でも作れるようになり、品質の良いものを安く買えるようになった。その一方で、人の手で作る技術や伝統が失われることにも。一度廃れてしまうと復活することは難しい。その価値を見直そう。

機械としては労働手段はすぐに労働者自身の競争相手になる。『1部 13章　機械と大工業』(二)

生活する環境が変われば、大切なものだって、変わる。

魅力的なものが身近にあると欲しくなるし、いくらお金があっても足りない。反対にものがない環境にいれば、それほどお金がなくても満足できる。物欲に支配されていると感じたら、環境を変えてみよう。

<small>労働の自然条件の相違は、同量の労働によってみたされる欲望の量が国によって違うことの原因となり、したがって、その他の事情が同様ならば、必要労働時間が違うことの原因となる。『1部14章　絶対的および相対的剰余価値』〈三〉</small>

無い物ねだりは、虚しいだけ。
今あるものでうまくやろう。

給料は上がらず、先行きは不透明。嘆いて
いても始まらない。そんな時代に生まれて
しまったと潔く諦めたほうが賢明。他人と
比べず、身の丈にあった自分なりの幸せの
基準を見つけよう。

労働力の価値は、平均労働者の習慣的に必要な生活手段の価値によっ
て規定されている。『1部15章　労働力の価格と剰余価値との量的
変動』（三）

自分を高く売れる 「付加価値」を身につけよう。

普通に働いていてもなかなか給料が上がらないなら、「付加価値」を身につけよう。仕事に関係する資格やスキルアップの勉強にお金がかかっても、将来的に給料が上がれば損にはならないよ。

<small>一方には、生産様式につれて変わる労働力の育成費があり、他方には、労働力の自然的相違、すなわち、男か女か、成熟しているか成熟していないかという相違がある。『1部15章　労働力の価格と剰余価値との量的変動』(三)</small>

とろけるように休みたい

仕事が充実すれば、
休日の遊びがいも生まれる。

次の休日の予定が決まっていると、仕事を効率よく片付けようと前向きになる。ちゃんと休めば、リフレッシュできて、仕事が早くなる。なるべく、楽しい予定をたくさん用意しておこう。

労働の生産力が増進すればするほど労働日は短縮されることができるし、また労働日が短縮されればされるほど労働の強度は増大することができる。『1部15章　労働力の価格と剰余価値との量的変動』（三）

ムダな仕事はしない主義。
徹底的に見直してみよう。

なんとなく職場の習慣でやっているけど、実は仕事に関係ないことって多い。明らかにムダなことなら、話し合って変えていこう。実は、同じことを考えている人が周りにいるかも。

この節約には、単に生産手段の節約だけではなく、いっさいの無用な労働を省くことが含まれる。『1部15章 労働力の価格と剰余価値との量的変動』(三)

ほんとはゆるふわ系

ムカつく上司は、
結果を出して、黙らせよう。

上司は、結果を重視する。いくら理想を熱く語っても、これまでの実績や成果が伴っていなければ耳を傾けてくれない。悔しさをバネに、誰もが納得する結果を出してぎゃふんと言わせよう。

彼が関心をもつのは、ただ労働力の価格と労働力の機能がつくりだす価値との差だけである。『1部17章 労働力の価値または価格の労賃への転化』(三)

自分を大きく見せすぎると、
あとで痛い目に遭っちゃうよ。

華々しいプロフィールは、強い武器に見える。けれど、結果が出ないと、期待が高すぎたぶん評価は一気に下がってしまう。実力の伴わない自慢や強がりは災いのもと。

労賃の現実の運動が示す諸現象は、労働力の価値が支払われるのではなくて労働力の機能すなわち労働そのものの価値が支払われるのだということを証明しているように見える。『1部17章 労働力の価値または価格の労賃への転化』（三）

やりすぎはよい結果を生まない。
無理はしない。

ライバルに勝つために行き過ぎたサービスをしていると、いつかは破綻してしまう。無理した状態でも、相手にはそれが基準になる。背伸びせず誠実につきあう、それが長く良い関係を築くポイントかも。

異常に低い商品の販売価格がまずところどころに形成され、しだいに固定されて、以後はそれが過度な労働時間のもとでのみじめな労賃の不変な基礎になる。『1部18章　時間賃金』(三)

火がつよすぎた…

たった一つのミスで
すべてがダメに見えてしまう。

偶然手にしたものに問題があると、他のすべてに不信感を抱いてしまう。「ま、いいか」は禁物。失った信頼は簡単には取り戻せない。時間がかかっても、丁寧な仕事を心がけよう。

<small>各個の価格が完全に支払われるためには製品は平均的な品質をもっていなければならない。『1部19章　出来高賃金』(三)</small>

一人勝ちをせず、
みんなで少しずつ幸せになる。

人との縁は大切なもの。仕事や良い話を紹介してもらったら、感謝を忘れずに。そして、必ず恩を返すこと。「持ちつ持たれつ」の精神で、みんなに幸せのおすそ分けをしよう。

仲介人たちの利得は、ただ、資本家が支払う労働の価格と、この価格のうちから仲介人たちが実際に労働者に渡す部分との差額だけから生ずる。『1部19章　出来高賃金』(三)

過剰な競争心。それって、
他人に操られていない？

評価されることは嬉しい。その結果、お給料が上がるともっと嬉しい。出来高制は、やる気を引き出してくれることもある。でも、周りの人に過剰に嫉妬心を抱いていないかな？　評価に踊らされていないかな？

出来高賃金のほうが個性により大きい活動の余地を与えるということは、一方では労働者たちの個性を、したがってまた彼らの自由感や独立心や自制心を発達させ、他方では労働者どうしのあいだの競争を発達させるという傾向がある。『1部19章　出来高賃金』(三)

負けるが勝ち…

会社や組織に頼らないで
働くことを常に意識しておこう。

会社や組織に所属しないで、一人で仕事をする働き方もある。実力があれば、会社勤めをするよりも収入を得ることができるし、働き方も自分次第。ただし、すべてが自己責任。失敗しても言い訳はできない。

現実の収入については、個々の労働者の技能や体力や精力や耐久力などの相違に従って、大きな差が生ずるのである。『1部19章　出来高賃金』（三）

みんな笑顔になる、「お金」がまわる仕事をしよう。

ヒット商品が生まれると、その商品を生み出した会社のほかにも、材料の生産者や販売店など、それに関わるいろんな立場の人が潤う。「金は天下のまわりもの」。気持ち良くみんなと分かち合おう。

剰余価値を生産する、すなわち不払労働を直接に労働者から汲み出して商品に固定する資本家は、その剰余価値の最初の取得者ではあるが、けっしてその最後の所有者ではない。『1部7篇 資本の蓄積過程』(三)

仕事とプライベートは、はっきり区別すること。

自腹で自社商品を買ったり、家に仕事を持ち帰ったり。良かれと思ってしたことが、自分を追い込むことになりかねない。仕事とプライベートの線引きは意識的にしよう。

<small>労働者はしばしば自分の個人的消費を生産過程の単なる付随事にすることを強制されている。『1部21章　単純再生産』(三)</small>

なんだかちがう…

やりがいだけじゃ、食べていけない。騙されないで！

「給料は安いけど、やりがいがある。成長できる」。都合の良い言葉に誤魔化されてはいけない。生活できないほどの安い給料は、働く人のことを考えていない証拠。将来を見据えて、立ち止まって考えよう。

<small>労働力と引き換えに手放される資本は生活手段に転化され、この生活手段の消費は、現存する労働者の筋肉や神経や骨や脳を再生産して新しい労働者を生みだすことに役だつ。『1部21章　単純再生産』（三）</small>

ムダなこと、バカらしいことを
どんどんやろう。

役に立つこと、意義があること、効率的なことだけが評価される社会は息苦しい。ムダなこと、バカらしいことを面白がれる余裕から、文化や芸術、新しい発想が生まれてくる。

資本が労働力を消費するために実際に消費されなければならない部分だけを、生産的とみなすのである。そのほかに労働者が自分の快楽のために消費するものがあれば、それは不生産的消費なのである。
『1部21章　単純再生産』(三)

ガッツリ稼いでどーんと遊ぶ。
だから働いていられる。

仕事をしているからこそ、自由にお金を使って好きなことができる。旅行やコンサート、趣味のために、お金を貯めてどーんと使うことができる。大きな喜びが待っていれば、働くモチベーションになる。

個人的消費は、一方では彼ら自身の維持と再生産とが行なわれるようにし、他方では、生活手段をなくしてしまうことによって、彼らが絶えず繰り返し労働市場に現われるようにする。『1部21章 単純再生産』(三)

背伸びはやめよう。
そんなつきあいは、長続きしない。

服装や交際費に出費を重ねていると、いくらお金があっても足りない。多少の背伸びは成長するきっかけになるけど、無理をして築いた人間関係は一時的なもので、長くは続かない。

発展がある程度の高さに達すれば、富の誇示であり同時に信用の手段でもある世間並みな程度の浪費は、「不幸な」資本家の営業上の必要にさえなる。奢侈は資本の交際費の一部になる。『1部22章 剰余価値の資本への転化』（三）

カラザよりお金…?

大抵のことはお金があったら、なんとかなる!?

やりたいことや夢の実現のため、病気や失業など万が一のとき、やっぱり頼りになるのはお金。すぐに必要じゃなくても、貯められるうちに貯めておこう。まとまったお金は安心感にもつながる。

蓄積せよ、蓄積せよ！　これがモーセで、予言者たちなのだ！「勤勉は材料を与え、それを倹約が蓄積する。」だから、倹約せよ、倹約せよ！『1部22章　剰余価値の資本への転化』(三)

その成功は、過去の誰かの仕事のおかげかもしれない。

自分の実力と努力で摑んだ成功。誰の力も借りていないと思いがちだけど、会社名や肩書や先輩たちが培ったノウハウ、伝統や過去の遺産のおかげかも。大成功しても、奢らず、謙虚さを忘れずに。

過去の労働が生きている労働につかまえられて活気づけられるときに行なう無償の役だちは、蓄積の規模が大きくなるにつれて蓄積されて行くのである。『1部22章 剰余価値の資本への転化』(三)

高価なものでも、長い目で見れば、
安い買い物になるときも。

何かを始めるときには、初期投資が必要。大金を使うのは勇気がいるけど、覚悟もできるし、うまくいけば初期費用を早く回収できるはず。

蓄積の連続によって資本が増大すればするほど、消費財源と蓄積財源とに分かれる価値総額もますます増大するのである。それゆえ、資本家はますますぜいたくに暮らしながら同時にますます多く「節欲する」ことができるのである。『1部22章　剰余価値の資本への転化』（三）

やっぱり、長いものには、巻かれたほうがラク!?

冒険や刺激を求める人には物足りないかもしれないけど、多数派や大きな組織に所属するメリットはある。安定して、守られた環境だからこそ、腰を据えて事に当たれることもある。

拡大された規模での再生産、すなわち蓄積は、拡大された規模での資本関係を、(略) 他方の極により多くの賃金労働者を、再生産する。
『1部23章 資本主義的蓄積の一般的法則』(三)

毎日働くのなら、やっぱり居心地にこだわりたい。

自分の能力を生かせて、相性のいい会社に巡り会える人は稀。雰囲気や人間関係、仕事内容など、一つ二つ、気に入ったことがあれば、案外楽しく過ごすことができるもんだよ。

労働力は絶えず資本に価値増殖手段として合体されなければならず、資本から離れることができず、(略) つまり、資本の蓄積はプロレタリアートの増殖なのである。『1部23章　資本主義的蓄積の一般的法則』(三)

お給料は多すぎても少なすぎても やる気がでない。

「給料は多いほどいい」と思いがちだけど、高すぎる給料を手にすると、満足して向上心がなくなる。低すぎるとやる気なんて出るはずもない。「頑張れば、もう少し上がるかも！」。そんな現実的で絶妙な金額だと、モチベーションは一番上がる。

<small>働くものを勤勉にすることのできる唯一のものは、適度な労費である。
『1部23章　資本主義的蓄積の一般的法則』（三）</small>

貧乏に慣れるのは難しい。
けれど、贅沢にはすぐ慣れる。

一度、生活レベルが上がってしまうと、下げることが難しくなる。後先考えずに浪費するのは危ない。無駄遣いや贅沢に慣れすぎないように気を引き締めること。

資本の蓄積につれて労働の価格が上がるということが実際に意味しているのは、ただ、すでに賃金労働者が自分で鍛え上げた金の鎖の太さと重みとがその張りのゆるみを許すということでしかないのである。『1部23章　資本主義的蓄積の一般的法則』(三)

いまの場所が合わないなら
新しい居場所を探してみたら？

もし、いまの環境に物足りなさを感じるのなら、新しい環境で挑戦してもいいかも。一つの場所に縛られないで。選ぶ自由があるのだから。

労働の価格の上昇は、やはり、ある限界のなかに、すなわち資本主義体制の基礎を単にゆるがさないだけではなく、増大する規模でのこの体制の再生産を保証するような限界のなかに、閉じ込められているのである。『1部23章 資本主義的蓄積の一般的法則』(三)

しがみつかない

会社が潰れても大丈夫。
そういう自信を
持っている人は、強い。

絶対に潰れないと思っていたような大企業でも、突然、倒産することもありうる。会社に頼りすぎず、自分の能力を磨く努力を怠らずに。

すでに形成されている諸資本の集積であり、それらの個別的独立の解消であり、資本家による資本家からの収奪であり、少数のより大きな資本への多数のより小さい資本の転化である。『1部23章　資本主義的蓄積の一般的法則』（三）

新しいことを始めるときは、
たくさんの人の力を借りよう。

新しいことを始めるときは、協力者をたくさん集めよう。各分野に詳しい人からアドバイスをもらったほうがスムーズ。短期間で仕組みを整えて軌道に乗ったら、少人数で進めることができる。多少手間がかかっても、結果的に効率がいいはず。

資本の絶対的な増大が、その可変成分またはそれによって吸収される労働力の絶対的な減少と結びついている。『1部23章　資本主義的蓄積の一般的法則』（三）

結局 自由って何?

「自由な働き方」って言うけど、それって雇う側の思うつぼ!?

期間限定で仕事をする派遣労働。自由な働き方ができる一方で、企業の都合に振り回される面がある。景気がいいときは、仕事も多くて時給も高いけど、不景気になった途端に契約が切られることも。

生産規模の突発的な発作的な膨張は、(略) 利用可能な人間材料なしには、人口の絶対的増加に依存しない労働者の増加なしには、不可能である。『1部23章 資本主義的蓄積の一般的法則』(三)

ぐでたま盛り

あなたにしかできないことは、高い値段がつく。

できる人が少ない技術や特殊な資格を持っている人は、高い報酬を得ることができる。自分の腕一本で食べていくのなら、簡単にはできない技を身につけて、常に技術を更新する努力が必要だよ。

高くなった労賃は労働者人口のますます大きい部分をこの好況部面に引き寄せるが、(略) 賃金は結局また元の平均水準まで、または押し寄せ方がひどすぎた場合にはこの水準よりもさらに低く、下がる。『1部23章　資本主義的蓄積の一般的法則』(三)

健康な体。それさえあれば、なんとか生きていける。

もし、勤めている会社が潰れても、健康な体さえあれば、どんな仕事でもできるし、生きていける。プライドや地位では食べていけない。丈夫な体こそ貴重な資本。

どんなに労働しても相変わらず自分自身よりもほかにはなにも売れるものをもっていない大衆の貧窮と、わずかばかりの人々の富とが始まったのであって、これらの人々はずっと前から労働しなくなっているのに、その富は引き続き増大してゆくのである。『1部24章　いわゆる本源的蓄積』(三)

自由に生きるとは、
自分の決断には、
責任を持つということ。

他人の判断で、言われたことをやるだけ。
一度きりの人生なのに、自分の頭で考える
ことを放棄して他人任せにするつもり⁉

自由な労働者というのは、奴隷や農奴などのように彼ら自身が直接に生産手段の一部であるのでもなければ、(略) 彼らはむしろ生産手段から自由であり離れており免れているという二重の意味で、そうなのである。『1部 24 章　いわゆる本源的蓄積』(三)

「どうせ、変わらない」
そう諦めるのは、まだ早い。

明らかに不当な扱いを受けたら泣き寝入りしないで、働く人の権利を主張しよう。働く人同士が集まり、協力して行動を起こせば、改善するきっかけにもなる。同じようなつらい思いをする人が減ることになる。

<small>絶えず膨張しながら資本主義的生産過程そのものの機構によって訓練され結合され組織される労働者階級の反抗もまた増大してゆく。『1部24章　いわゆる本源的蓄積』(三)</small>

会社のためにではなく、
自分自身のために働こう。

働く理由は人それぞれ。お金、夢、やりがい、スキルアップ、地位や名誉……、どんな理由でも、それが「自分」のためであってほしい。そして何か一つ、お金以外に働く理由を持っていると心強い。

賃金労働者から独立生産者への不断の転化、すなわち、資本のためにではなく自分自身のために労働して資本家さまではなく自分自身を富ませる独立生産者への転化は、それ自身また労働市場の状態にはまったく有害な反作用をする。『1部25章 近代植民理論』(三)

必要なものを、必要なときに、必要なだけ買う。

セールで買いだめをしたものの、結局捨ててしまうなら、結果的に高い買い物をしたことになる。必要なものを必要なときに、必要なだけ買う。ストックを把握していたら無駄遣いは避けられる。

資本の可除部分のどれかがいつでも流通部面にとどまっている時間が長ければ長いほど、かわるがわる絶えず生産部面で機能している資本部分はそれだけ小さくならざるをえないということは、明らかである。『2部5章 流通期間』(四)

さっき
そこでできました。

作り手から作りたてをすぐに
受け取れるって、とても贅沢。

誰が作ったのかわからないものよりも、作り手の顔が見えるもののほうが安心できる。その商品ができあがるまでの物語や作り手の思いを知れば、愛着もわくし、大事にしようと思える。

流通期間がゼロになるかまたはゼロに近くなればなるほど、それだけ多く資本は機能し、それだけ資本の生産性と自己増殖とは大きくなる。『2部5章 流通期間』(四)

世界とつながって、
可能性をどんどん広げよう。

インターネットを使えば、世界中の商品が簡単に手に入るし、個人でも、世界中の人を相手にビジネスができる。商品のアイデアやセンス、クオリティが異文化の人に認められ、思いがけない出会いや発見、やりがいが見つかるかも。

<small>購買市場と販売市場とが場所的に別々の市場であることがありうる。
『2部5章　流通期間』(四)</small>

すこし距離があったほうが、
意外な魅力に気づけるかも。

ものを作る側とそれを売る側では、ものの
見え方が違うときがある。お客さんの反応
が直接見える売る側だからこそ、作り手が
気づかない魅力を発見できることも。

商品生産では、流通は生産そのものと同様に必要であり、したがって、
流通担当者も生産担当者と同様に必要である。『2部5章　流通期間』
(四)

どんなことにも「旬」がある。
後悔する前に、
行動しよう。

人との出会いや物事には「旬」がある。ベストなタイミングを逸しないように、ピンときたらフットワークよく行動しよう。

商品は、一定の期間のうちにそれぞれの使命に応じて生産的または個人的消費にはいらなければ、言い換えれば一定の時間のうちに売れなければ、だめになって、その使用価値を失うのといっしょに、交換価値の担い手だという性質も失ってしまうのである。『2部5章 流通期間』(四)

長いつきあいじゃね？

そのキズは、長い年月を一緒に過ごしてきた証し。

長年使い込んだ革製品には、独特の味わいがある。使っている間についたキズや色落ちは、長年愛用した証拠。他人にとっては価値が目減りしても、自分にとっては世界に一つしかない大切なもの。

損耗は、第一に、使用すること自体によってひき起こされる。（略）さらに第二の損耗は自然力の影響によって生ずる。『2部8章　固定資本と流動資本』（四）

どんなに完璧だと思っていても、
メンテナンスは必ず必要。

綿密な計画を立ててスタートしても、やっているなかでトラブルや食い違いが生じることは必ずある。原因の究明も必要だけど、まずは軌道修正を優先しよう。臨機応変に、できることで最善の道を選ぼう。

ある機械がどんなに完全な構造をもって生産過程にはいっても、実際に使ってみればその欠陥が現われて、それはあとからの労働によって直されなければならない。『2部8章 固定資本と流動資本』(四)

長くつきあうためにこそ、
丁寧なメンテナンスは
欠かせない。

どんなものでも、時間が経てば、やがて綻びが生まれてしまう。愛用の品だからこそ、定期的なメンテナンスが必要。そうすることで、長く使えることになるんだ。

機械がその中年期を過ぎれば過ぎるほど、(略) 機械をその平均寿命が終わるまで生かしておくために必要な修理労働はますます頻繁になり、ますます重大になってくる。『2部8章 固定資本と流動資本』(四)

本当に、贅沢って敵なのかな……？

経済的に豊かで社会が安定していると、アートや音楽を楽しむ人が増える。一方で、争いや飢えに苦しんでいると、その余裕がなくなる。誰も贅沢をしなくなることで、だんだんとみんなの心が貧しくなる。

<small>すべて恐慌は一時的に奢侈品消費を減少させる。（略）必要消費手段の売れ行きをも停滞させ減少させる。『2部20章　単純再生産』(五)</small>

「自分にプレゼント」という言い訳も、たまにはあり。

ハードな仕事が無事に終わったら、憧れの高級品を自分へプレゼントしてみるのもいいかも。特別なものを身につけていると、背筋が伸びてやる気もわいてくる。たまになら贅沢したっていい。

平素は自分の手にはいらないような奢侈品の消費に参加し、(略) これがまた物価の上昇を呼び起こすのである。『2部20章 単純再生産』(五)

甘えたぃ〜

気がつかないだけで
つながっている。
世界の動きに敏感でいよう。

便利で快適な生活は、いろいろな国とのつながりで、成り立っているんだ。世界の環境問題や紛争は、気づかないだけで自分の暮らしにも影響している。他人事だと思わずに関心を持とう。

資本主義的生産はおよそ対外貿易なしには存在しない。『2部20章 単純再生産』(五)

「もったいない」から新しい価値が生まれる。

ワイン用のぶどうの搾りかすを家畜の餌にしたり、古布を雑貨にリメイクしたり。捨ててしまえばゴミだけど、アイデアや技術によって新たな価値が生まれてくる。

生産上の排泄物、いわゆる廃物が同じ産業部門なり別の産業部門なりの新たな生産要素に再転化するということである。『3部5章 不変資本充用上の節約』(六)

安さや効率ばかり重視すると、
大切なことを
見落としてしまう。

儲けをだすには、できるだけ経費やコスト
を抑えることが原則。でも、無理なコスト
カットは、誰かが悲鳴をあげることになる。
それは商品の命である、安全性や品質に影
響することも。短期的な儲けよりも、長期
的な儲けを考えよう。

資本主義的生産は、それを個別的に考察すれば、また流通の過程や
競争のひどさを考えなければ、実現されて商品に対象化された労働
のほうは極度に倹約する。『3部 5章　不変資本充用上の節約』（六）

みんなが気分良くいるために、手間を惜しまない。

「職場は仕事をするだけの場所」だからと言って、同僚との会話は必要なことだけ、設備やインテリアも最低限のものだけでは、ギスギスした雰囲気になってしまうよね。

労働者のために生産過程を人間らしいものにし、快適なものにし、(略)このような設備をすることは、資本家の立場から見れば、なんの目的も意味もない浪費なのであろう。『3部5章 不変資本充用上の節約』(六)

物がなければないなりに
工夫をしよう。

必要な道具や材料が揃わないからといって、投げ出すのはまだ早い。代用できるものがないか考えよう。あるものでやりくりする工夫は楽しいし、うまくいったら達成感も得られる。

原料の騰貴が廃物利用への刺激になることは、言うまでもない。『3部5章　不変資本充用上の節約』（六）

成功例よりも過去の失敗から、学ぶことのほうが多い。

成功例や都合のいい情報にばかり耳を傾けてしまいがちだけど、役立つのは失敗例やネガティブな情報。原因を冷静に分析して、成功できるように対策をしっかり立てよう。同じ轍は踏まないように。

<small>最初の企業家たちはたいてい破産してしまって、あとから現われて建物や機械などをもっと安く手に入れる企業家たちがはじめて栄えるということにもなる。『3部5章　不変資本充用上の節約』(六)</small>

働けば働くほど
苦しくなる仕組み。
なんとかしてほしい。

長時間働けば、残業代がもらえた。でも、そのうち残業が禁止になって、効率よく働くようにと言われるようになった。働く時間は減ったけど、なんだか、今のほうが疲れてるかも。

労働の搾取度、剰余労働および剰余価値の取得は、ことに労働日の延長と労働の強化とによって高められる。『3部14章　反対に作用する諸原因』（六）

おきあがれない…

誰にでも、
挑戦するチャンスがある。

今の世の中、何かを始めるのに、遅いことはない。諦めるのはもったいない。みんなにチャンスがあるから、諦めたら負けてしまう。理想通りにはいかなくても、挑戦し続けよう。

国民教育の普及は、この種の労働者を以前はそれから除外されていたもっと劣悪な生活様式に慣れていた諸階級から補充することを可能にする。さらに、それは志願者をふやし、したがって競争を激しくする。『3部17章　商業利潤』(六)

お金があればあるほど「信用」が得られるって本当?

お金を借りるためには「信用」がないと難しい。でも、もとからお金があって「信用」がある人と比べると、どうしても損している気分がしちゃうんだよなー。

<small>社会的な富と私的な富という富の性格のあいだの対立を克服するのではなく、ただこの対立を新たな姿でつくり上げるだけなのである。『3部27章　資本主義的生産における信用の役割』(七)</small>

他人からの借り物ではない
自分の「ものさし」で
物事を測ろう。

豊かな家庭で生まれた人と過酷な環境で生きてきた人。失敗知らずの人と遠回りばかりしてきた人。他人から借りてきた「ものさし」で損得を測っていても、息苦しくなるだけ。自分だけの「ものさし」を作りだそう。

なにが階級を形成するのか？ （略）なにが賃金労働者、資本家、土地所有者を三つの大きな社会階級にするのか？『3 部 52 章　諸階級』（八）

カール・マルクス著、岡崎次郎訳
『資本論』(大月書店)から訳文を転載しました。

ブックデザイン　福間優子／山田益弘
原稿協力　日吉久代

ぐでたまの『資本論』
お金と上手につきあう人生哲学

2017 年 2 月 28 日　　第 1 刷発行
2024 年 1 月 30 日　　第 6 刷発行

編　者　朝日文庫編集部
発行者　宇都宮健太朗
発行所　朝日新聞出版
　　　　〒104-8011　東京都中央区築地 5-3-2
　　　　電話　03-5541-8832(編集)　03-5540-7793(販売)
印刷製本　大日本印刷株式会社

©2017 Asahi Shimbun Publications Inc.
©2024 SANRIO CO., LTD. TOKYO,JAPAN Ⓗ　　S/D・G
キャラクター著作　株式会社　サンリオ
Published in Japan by Asahi Shimbun Publications Inc.
ISBN978-4-02-264840-2
＊定価はカバーに表示してあります
落丁・乱丁の場合は弊社業務部(電話03-5540-7800)へご連絡ください。
送料弊社負担にてお取り替えいたします。